¡Mira, una raya!

por Tessa Kenan

BUMBA BOOKS™ en español

EDICIONES LERNER ◆ MINNEAPOLIS

Nota para los educadores:

En todo este libro, usted encontrará preguntas de reflexión crítica. Estas pueden usarse para involucrar a los jóvenes lectores a pensar de forma crítica sobre un tema y a usar el texto y las fotos para ello.

ediciones Lerner
Una división de Lerner Publishing Group, Inc.
241 First Avenue North
Mineápolis, MN 55401, EE. UU.

Si desea averiguar acerca de niveles de lectura y para obtener más información, favor consultar este título en www.lernerbooks.com

Library of Congress Cataloging-in-Publication Data

Names: Kenan, Tessa.
Title: ¡Mira, una raya! / por Tessa Kenan.
Other titles: Look, a ray! Spanish
Description: Minneapolis : Ediciones Lerner, [2017] | Series: Bumba books en español. Veo animales marinos | In Spanish. | Audience: Age 4–8. | Audience: K to grade 3. | Includes bibliographical references and index.
Identifiers: LCCN 2016027594 (print) | LCCN 2016029783 (ebook) | ISBN 9781512428674 (lb : alk. paper) | ISBN 9781512429466 (pb : alk. paper) | ISBN 9781512429473 (eb pdf)
Subjects: LCSH: Rays (Fishes)—Juvenile literature. | Stingrays—Juvenile literature.
Classification: LCC QL638.8 .K4618 2017 (print) | LCC QL638.8 (ebook) | DDC 597.3/5—dc23

LC record available at https://lccn.loc.gov/2016027594

Fabricado en los Estados Unidos de América
1 – VP – 12/31/16

Expand learning beyond the printed book. Download free, complementary educational resources for this book from our website, www.lernerresource.com.

Tabla de contenido

Las rayas nadan

Las rayas son peces.

Ellas nadan en las aguas cálidas

del océano.

Hay más de quinientos tipos

de rayas.

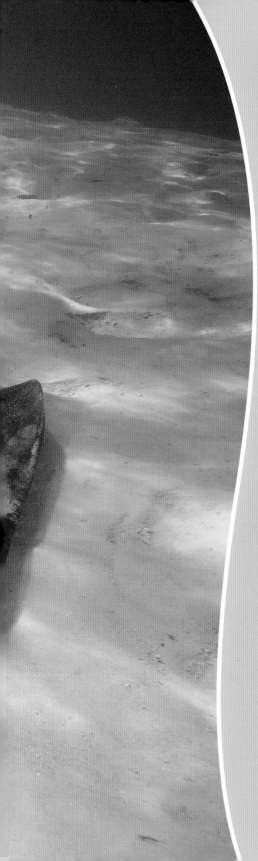

Las rayas tienen dos aletas grandes. Ellas mueven sus aletas para nadar.

Las rayas tienen colas delgadas.

Algunas rayas pican son sus colas.

Ellas pican a los tiburones.

Los tiburones tratan de comerse

las rayas.

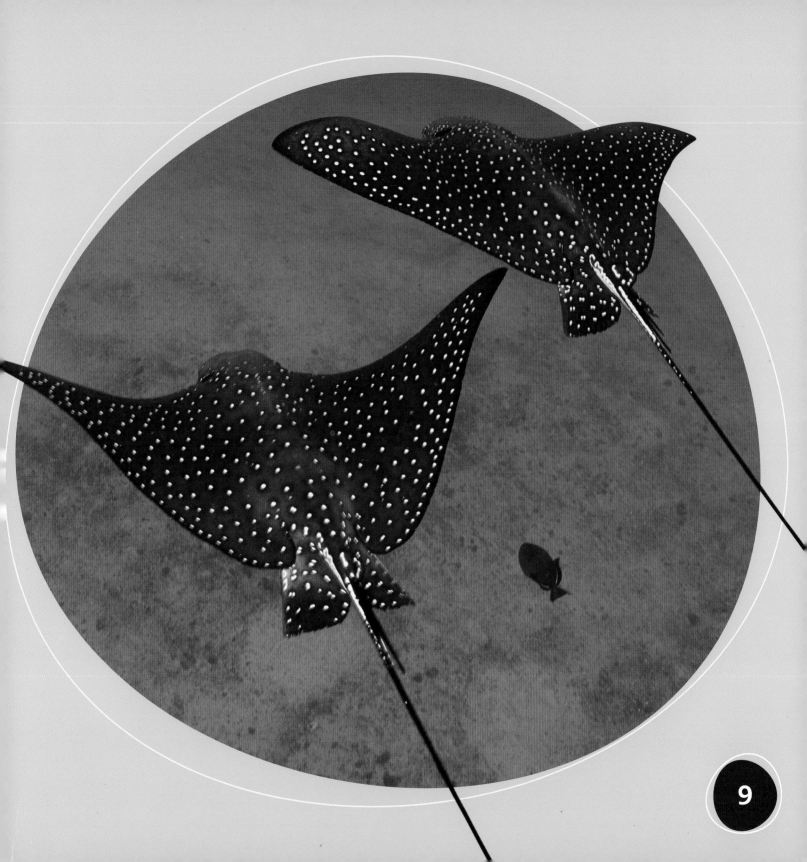

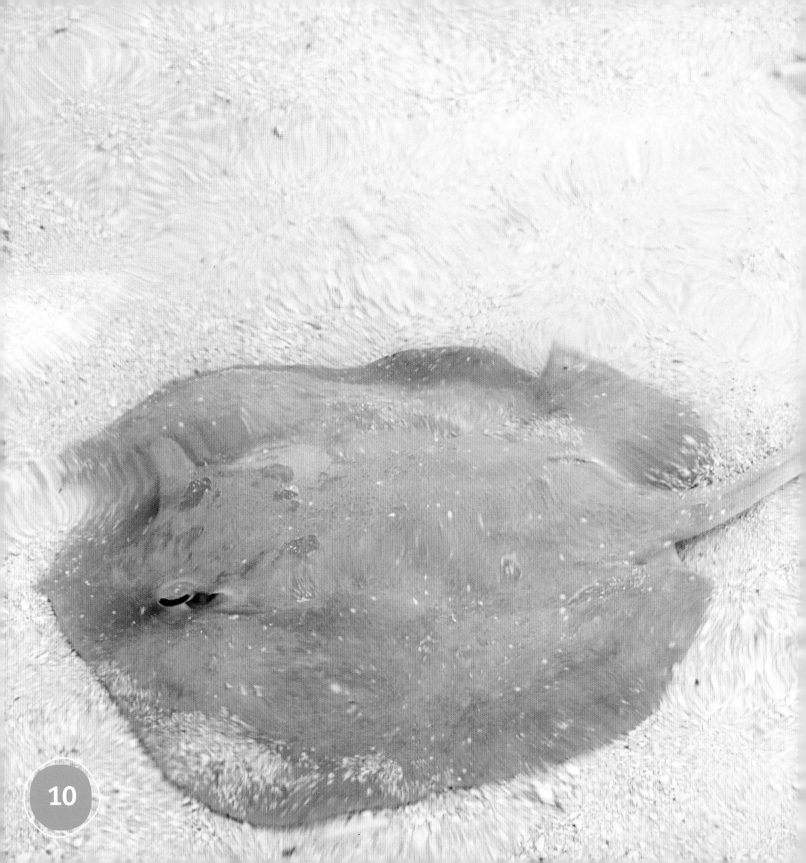

Las rayas se esconden

en la arena.

Sus colores parecen ser

del mismo color que

la arena.

¿Cómo podría
el color de una
raya ayudar
a mantenerse
a salvo?

Una raya tiene dos ojos.

Estos están en la parte de arriba

de su cuerpo.

Ella tiene la boca en la parte

de abajo de su cuerpo.

Sus branquias también están en

la parte de abajo de su cuerpo.

¿Por qué es útil tener ojos en la parte de arriba del cuerpo?

Las rayas usan sus dientes fuertes

para comer.

Ellas pueden partir las conchas

de las almejas.

A los bebés de las rayas

se les llama crías.

Las mamás rayas tienen

de dos a seis crías

a la vez.

Algunas rayas viven solas.

Otras nadan juntas.

Al grupo de rayas se le llama

cardumen.

¿Por qué nadan en grupos las rayas?

Algunas rayas saltan.

Esta mantarraya es grande.

Salta muy alto fuera del agua.

Partes de una raya

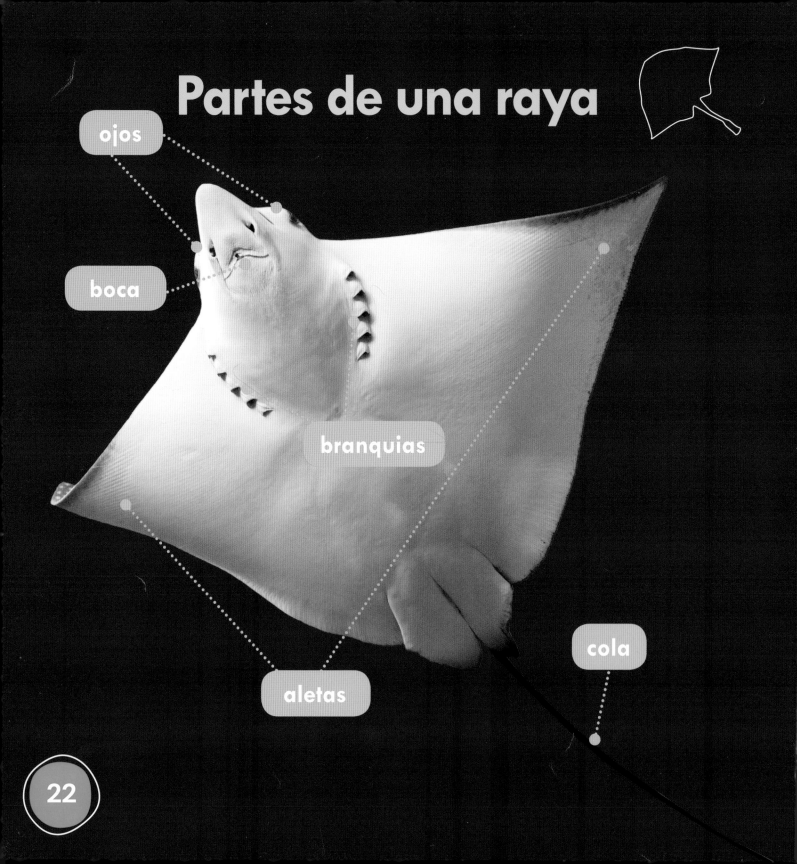

ojos

boca

branquias

aletas

cola

Glosario de las fotografías

aletas

partes del cuerpo que ayudan a los animales del océano a nadar

branquias

partes del cuerpo que ayudan a los peces a respirar

cardumen

un grupo de rayas

crías

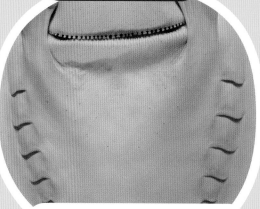

rayas bebés

23

Índice

Leer más

Anderson, Sheila. *What Can Live in the Ocean?* Minneapolis: Lerner Publications, 2011.

Gerber, Carole. *Stingrays!: Underwater Fliers.* New York: Random House, 2015.

Meister, Cari. *Stingrays.* Minneapolis: Bullfrog Books, 2015.

Crédito fotográfico

Las fotografías en este libro se han usado con la autorización de: © Ian Scott/Shutterstock.com, p. 5; © Yann hubert/Shutterstock.com, pp. 6–7, 18, 23 (esquina superior izquierda, esquina inferior derecha); © Ethan Daniels/Shutterstock.com, p. 9; © Filip Fuxa/Shutterstock.com, pp. 10–11; © jim808080/ Shutterstock.com, p. 13; © Nicki1982/iStock.com/Thinkstock, pp. 14, 23 (esquina superior derecha); © Amanda Nicholls/Shutterstock.com, pp. 16–17, 23 (esquina inferior izquierda); © renacal1/iStock.com, p. 20; © StudioSmart/Shutterstock.com, p. 22.

Portada: © bernd.neeser/Shutterstock.com.